Jar

https://c ....../unitedlibrary

Índice

Descargo de responsabilidad

Este libro biográfico es una obra de no ficción basada en la vida pública de una persona famosa. El autor ha utilizado información de dominio público para crear esta obra. Aunque el autor ha investigado a fondo el tema y ha intentado describirlo con precisión, no pretende ser un estudio exhaustivo del mismo. Las opiniones expresadas en este libro son exclusivamente las del autor y no reflejan necesariamente las de ninguna organización relacionada con el tema. Este libro no debe tomarse como un aval, asesoramiento legal o cualquier otra forma de consejo profesional. Este libro se ha escrito únicamente con fines de entretenimiento.

Introducción

Descubra la vida y el legado de James K. Polk, undécimo Presidente de Estados Unidos, cuya presidencia se distinguió por su gran expansión territorial y sus logros políticos. Desde sus primeros años como protegido de Andrew Jackson hasta su exitosa carrera como abogado y su mandato como presidente de la Cámara de Representantes, el ascenso al poder de Polk se caracterizó por su compromiso con la democracia jacksoniana y los principios del Partido Demócrata.

Durante su presidencia, Polk supervisó la anexión de Texas, el Territorio de Oregón y la Cesión Mexicana, ampliando enormemente las fronteras de la nación. Sus decisivas acciones durante la Guerra entre México y Estados Unidos fortalecieron aún más su legado como presidente que amplió el territorio y la influencia de la nación.

A pesar de su relativamente corto mandato, la presidencia de Polk estuvo marcada por importantes logros, como el restablecimiento del sistema de Tesorería Independiente y la negociación del Tratado de Oregón con Gran Bretaña. Sin embargo, su decisión de ir a la guerra de México fue controvertida, ya que sus críticos argumentaban que exacerbó las divisiones sectarias que finalmente desembocaron en la Guerra Civil.

Explore la vida y la presidencia de James K. Polk, una figura clave en la historia de Estados Unidos. ¡Pida su ejemplar hoy mismo!

James K. Polk

James Knox Polk, nacido el 2 de noviembre de 1795 en Pineville, Carolina del Norte, y fallecido el 15 de junio de 1849 en Nashville, Tennessee, fue un estadista estadounidense y undécimo Presidente de los Estados Unidos de 1845 a 1849. También fue Presidente de la Cámara de Representantes de 1835 a 1839 y Gobernador de Tennessee de 1839 a 1841. Miembro del Partido Demócrata, fue protegido de Andrew Jackson y a lo largo de su carrera defendió el concepto de democracia jacksoniana. Bajo la presidencia de Polk, Estados Unidos se amplió para incluir Texas, Oregón, California y Nuevo México (estos dos últimos a costa de una guerra con México).

Tras una exitosa carrera como abogado en Tennessee, Polk fue elegido miembro de la legislatura estatal en 1823 y, dos años más tarde, de la Cámara de Representantes de EE.UU., donde se convirtió en un firme partidario de la política del presidente Jackson. Formó parte del Comité de Medios y Arbitrios antes de ser elegido Presidente de la Cámara de Representantes en 1835. Polk dejó el Congreso para presentarse a gobernador de Tennessee. Ganó las elecciones en 1839, pero fue derrotado en 1841 y 1843. En el periodo previo a las elecciones presidenciales de 1844, se presentó como candidato a la vicepresidencia en la convención demócrata pero, como ninguno de los candidatos a la magistratura suprema pudo reunir la mayoría de dos tercios necesaria, Polk se erigió en hombre de compromiso y fue nominado por la convención. Ganó las elecciones generales contra Henry Clay, el candidato del Partido Whig.

A menudo se considera a Polk como el último gran presidente del periodo antebellum, ya que logró y puso en práctica todos los objetivos de su campaña, tanto en política interior como en relaciones internacionales. Tras unas negociaciones que amenazaban con degenerar en conflicto armado, llegó a un acuerdo con el Reino Unido sobre la división del Territorio de Oregón a lo largo del paralelo 49 norte. Polk también desencadenó la guerra mexicano-estadounidense, que terminó con una fácil victoria para Estados Unidos y llevó a México a ceder casi todo lo que hoy es el Suroeste americano. También consiguió una reducción sustancial de los derechos de aduana con la adopción del *Arancel Walker* de 1846. Ese mismo año, el restablecimiento del sistema de tesorería independiente fue otro gran éxito de su administración. De acuerdo con su promesa electoral, Polk se negó a presentarse a la reelección. Se retiró a Tennessee y murió, probablemente de cólera, apenas tres meses después de abandonar la Casa Blanca, lo que le convirtió en el presidente que menos tiempo vivió tras dejar el cargo.

Como Presidente, Polk es considerado favorablemente por los académicos por su capacidad para promover objetivos y ponerlos en práctica como parte de su agenda presidencial. Sin embargo, fue criticado por llevar a Estados Unidos a una guerra con México y por aumentar las tensiones políticas en todo el país. Uno de los grandes logros de su presidencia fue la expansión territorial de Estados Unidos, que llegó hasta la costa del Pacífico y pudo reclamar el estatus de potencia mundial.

Propietario de esclavos durante gran parte de su vida, empleó esclavos en la Casa Blanca, compró esclavos en secreto y poseyó una plantación en Mississippi.

Juventud

James Knox Polk nació el 2 de noviembre de 1795 en una cabaña de madera cerca de Pineville, Carolina del Norte. Fue el primero de diez hermanos. Su madre, Jane, le puso el nombre de su padre, James Knox. Su padre, Samuel Polk, era un hacendado, propietario de esclavos y agrimensor de ascendencia escocesa-irlandesa. La familia Polk había emigrado a América a finales del siglo XVII, estableciéndose primero en la costa oriental de Maryland y luego en el centro-sur de Pensilvania, antes de trasladarse a las montañas de Carolina del Norte.

Las familias Knox y Polk eran presbiterianas. Mientras su esposa seguía siendo profundamente religiosa, Samuel, cuyo padre Ezequiel Polk era deísta, rechazaba el presbiterianismo dogmático. En el bautizo de su hijo, se negó a proclamar su compromiso con la fe cristiana y el sacerdote se negó a bautizar al joven James. Según su biógrafo James A. Rawley, la madre de Polk "le inculcó una rígida ortodoxia y valores calvinistas de autodisciplina, trabajo duro, piedad, individualismo y creencia en la imperfección de la naturaleza humana, que le marcaron durante toda su vida".

En 1803, Ezekiel Polk se estableció con cuatro de sus hijos adultos y sus familias cerca del río Duck, en lo que hoy es el condado de Maury, Tennessee. Samuel Polk y su familia se unieron a ellos en 1806. El clan Polk pronto dominó la vida política del condado y de la nueva ciudad de Columbia. Samuel llegó a ser juez del condado y entre las personas a las que recibió en su casa se encontraba Andrew Jackson, que anteriormente había sido juez y representante en el Congreso. Tanto Samuel como Ezekiel Polk eran partidarios del presidente Thomas Jefferson y, por tanto, opositores del Partido Federalista. El joven James se interesó por la política escuchando las discusiones en la mesa de la casa.

Polk era un niño de salud frágil, lo que constituía un verdadero problema en los territorios fronterizos. Su padre le llevó a ver a un eminente físico de Filadelfia, el Dr. Philip Syng Physick, porque padecía cálculos urinarios, pero no pudo completar el viaje a causa del dolor y tuvo que ser operado de urgencia por el Dr. Ephraim McDowell en Danville, Kentucky. A pesar de la falta de anestesia, aparte de un poco de brandy, la operación fue un éxito, pero es posible que dejara estéril a Polk, ya que posteriormente no tuvo hijos. Se recuperó rápidamente y se hizo más fuerte. Su padre le ofreció un empleo trabajando a su lado, pero Polk quería estudiar, así que se matriculó en una escuela presbiteriana en 1813. Ese mismo año se hizo miembro de la Iglesia de Sión, también presbiteriana. Más tarde ingresó en la Academia Bradley de Murfreesboro y demostró ser un estudiante prometedor.

En enero de 1816, Polk fue admitido en la Universidad de Carolina del Norte en Chapel Hill. La familia de Polk tenía relación con la institución, que entonces contaba con unos 80 estudiantes; la universidad empleaba a Samuel Polk como agente de tierras en Tennessee y su primo William Polk formaba parte del consejo de administración. El compañero de habitación de Polk fue William Dunn Moseley, más tarde primer gobernador de Florida. Se unió a la sociedad dialéctica de la universidad, de la que llegó a ser presidente, y se dedicó a hablar en público. En un discurso, acusó a ciertos líderes estadounidenses, en particular a Alexander Hamilton, de coquetear demasiado con los ideales monárquicos. Polk se graduó con honores en mayo de 1818.

Tras graduarse, Polk regresó a Nashville para estudiar derecho con el fiscal general Felix Grundy, un jurista de renombre que fue su primer mentor. El 20 de septiembre de 1819, fue elegido secretario del Senado del Estado de Tennessee, que entonces se reunía en Murfreesboro y del que Grundy era miembro. Fue reelegido Secretario en 1821 sin oposición y continuó en el cargo hasta 1822. En junio de 1820, también fue admitido en el colegio de abogados de Tennessee: su primer caso consistió en defender a su padre, que había participado en una reyerta pública, y obtuvo su liberación a cambio de una multa de un dólar. A continuación abrió un bufete en el condado de Maury, que rápidamente se hizo muy próspero, sobre todo debido a los numerosos litigios provocados por el pánico bancario de 1819. Su éxito como abogado le permitió financiar su carrera política.

Carrera política

Legislador del Estado de Tennessee

Cuando la legislatura de Tennessee levantó la sesión en septiembre de 1822, Polk decidió presentarse como candidato a la Cámara de Representantes del estado. Las elecciones se celebrarían casi un año después, en agosto de 1823, lo que le dio tiempo suficiente para hacer campaña. Ya establecido localmente como masón, fue destinado a la milicia de Tennessee con el rango de capitán en el regimiento de caballería de la 5ª brigada, antes de ser nombrado coronel en el estado mayor del gobernador William Carroll; a partir de entonces, se le siguió otorgando el título de "coronel". Aunque la mayoría de los votantes eran miembros del clan Polk, el joven político llevó a cabo una enérgica campaña. Destacaba sobre todo por sus dotes oratorias, que le valieron el apodo de *"Napoleón en la tribuna".* El día de las elecciones, Polk derrotó a su oponente y titular William Yancey.

El 1 de enero de 1824, en Murfreesboro, Polk se casó con Sarah Childress, a quien había conocido dos años antes y con quien se había comprometido en 1823. Hija de un prominente promotor de Tennessee y plantador propietario de esclavos, Sarah procedía de una de las familias más influyentes de la región. Mucho mejor educada que la mayoría de las mujeres de su época, especialmente en un estado tan remoto como Tennessee, ayudó a su marido a lo largo de su carrera política, escribiendo sus discursos, dándole consejos políticos y participando activamente en cada una de sus campañas. El biógrafo James Rawley señala que la gracia, la inteligencia y el encanto conversacional de Sarah contrarrestaban el comportamiento a menudo austero de su marido.

Como legislador, Polk se opuso cada vez más a su mentor Felix Grundy, especialmente en el tema de la reforma agraria, y mostró su apoyo a las políticas en Florida del gobernador Andrew Jackson, considerado un héroe de guerra por su victoria en la batalla de Nueva Orleans en 1815. Jackson era amigo común de las familias Polk y Childress -Sarah y sus parientes le llamaban "tío Andrew"- y James Polk se apresuró a apoyarle como candidato presidencial en 1824. Cuando la asamblea legislativa de Tennessee no pudo decidir quién sería el próximo senador en 1823, se propuso el nombre de Jackson. Polk se distanció entonces de sus antiguos aliados políticos y, como miembro de la Cámara de Representantes del Estado, votó a favor del general, que resultó elegido. Esta victoria dio a Jackson el beneficio de la experiencia política reciente, además de sus hazañas militares. También marcó el inicio de una sólida alianza entre

Jackson y Polk que duró hasta la muerte del primero, al comienzo de la presidencia de Polk. Durante la mayor parte de su carrera política, Polk fue conocido como *Young Hickory, en* referencia al apodo de Jackson, *Old Hickory, lo que* ilustra hasta qué punto su éxito estaba ligado al de Jackson.

En las elecciones presidenciales de 1824, Jackson quedó primero en el Colegio Electoral y también ganó la mayoría del voto popular, pero no consiguió la mayoría absoluta de los votos electorales. Como resultado, la elección se pospuso a la Cámara de Representantes y se eligió al Secretario de Estado John Quincy Adams, que había quedado segundo en las elecciones generales. Polk y muchos de los partidarios de Jackson creían que Adams debía su elección al hecho de que su rival Henry Clay, que no había conseguido un número suficiente de votos para presentarse como candidato a la Cámara, se había retirado en su favor a cambio de la promesa de convertirse en el nuevo Secretario de Estado. Ya en agosto de 1824, Polk había declarado su candidatura por el 6º Distrito de Tennessee, para ser elegido al año siguiente. El distrito en cuestión se extendía desde el condado de Maury hacia el sur hasta la frontera con Alabama, y la campaña sobre el terreno entre los cinco candidatos declarados avanzó a buen ritmo; Polk, en particular, hizo campaña con tal vigor que Sarah se preocupó por su salud. Durante la campaña, sus oponentes argumentaron que Polk, con sólo 29 años, era demasiado joven para un cargo nacional, pero ganó las elecciones con 3.669 votos de los 10.440 emitidos. Ese mismo año tomó posesión de su cargo en el Congreso.

En la Cámara de Representantes

Cuando Polk llegó a Washington para la apertura de la sesión ordinaria del Congreso en diciembre de 1825, se instaló en la pensión Benjamin Burch con otros representantes de Tennessee, entre ellos Sam Houston. Pronunció su primer discurso importante el 13 de marzo de 1826, en el que pedía la abolición del Colegio Electoral y la elección del Presidente por voto popular. Todavía frustrado por el recuerdo del "pacto corrupto" entre Adams y Clay, Polk se mostró muy crítico con la administración y votó frecuentemente en contra de sus políticas. Sarah Polk siguió residiendo en Columbia durante el primer año del mandato de su marido en el Congreso, pero le acompañó a Washington a partir de diciembre de 1826 para ayudarle con su correspondencia y asistir a sus discursos.

Polk fue reelegido en 1827 y siguió oponiéndose a la administración de Adams. Al mismo tiempo, se mantuvo en estrecho contacto con Jackson y actuó como su asesor cuando éste volvió a probar suerte en las elecciones presidenciales de 1828. Tras la victoria de Jackson sobre Adams, Polk se convirtió en uno de los partidarios más leales y destacados del nuevo Presidente en la Cámara. Como tal, luchó con éxito contra iniciativas de obras públicas, como la construcción de una carretera entre Buffalo y Nueva Orleans, y se congratuló del veto de Jackson a la Ley de *Carreteras de Maysville* (mayo de 1830), por considerar inconstitucional el plan de financiar la ampliación de una carretera dentro de un solo estado, Kentucky. Los oponentes de Jackson sugirieron que el texto del veto, que se quejaba en voz alta de la afición del Congreso a aprobar proyectos clientelistas, había sido redactado por Polk, pero éste negó que fuera así, afirmando que el mensaje estaba enteramente en manos del Presidente.

En 1832, Jackson se opuso a la renovación de la carta constitutiva del Segundo Banco de los Estados Unidos, lo que marcó el inicio de un conflicto conocido como la "Guerra de los Bancos"; en este turbulento contexto, Polk resultó ser un importante aliado para el Presidente en la Cámara de Representantes. El Segundo Banco, dirigido por Nicholas Biddle, no sólo poseía papel moneda, sino que también controlaba una gran proporción de los flujos de oro y plata con los que tenía derecho a realizar reembolsos. Varios dirigentes de los estados occidentales, empezando por Jackson, se mostraron hostiles al Segundo Banco, al que consideraban un monopolio que actuaba únicamente en interés de sus vecinos orientales. Como miembro del Comité de Medios y Arbitrios de la Cámara de Representantes, Polk investigó las actividades del banco y, a pesar de que el comité aprobó un proyecto de ley para renovar la carta constitutiva de la institución -que expiraba en 1836-, publicó un informe de minoría muy crítico con el Segundo Banco. El Congreso votó a favor de renovar la carta constitutiva en 1832, pero Jackson hizo uso de su poder de veto y los parlamentarios no pudieron revocar su decisión. Las iniciativas de Jackson, aunque muy controvertidas en Washington, recibieron un fuerte apoyo de la opinión en el resto del país y fue fácilmente reelegido ese mismo año para otro mandato de cuatro años.

Al igual que muchos sureños, Polk era partidario de reducir los aranceles sobre los productos manufacturados importados, y acogió con satisfacción la oposición de John C. Calhoun al "Arancel de las Abominaciones" durante la Crisis de la Nulificación de 1832-33. Sin embargo, se distanció de Calhoun, que abogaba por la secesión de Carolina del Sur, y se acercó a Jackson, cuyos esfuerzos por reafirmar la autoridad del gobierno apoyaba. Condenó a los partidarios de la secesión y apoyó la *Ley de la Fuerza* contra Carolina del Sur, que había reclamado poder prohibir la aplicación de aranceles federales dentro del estado. La disputa se resolvió cuando el Congreso adoptó un arancel de compromiso.

Gobernador de Tennessee

Fue elegido Gobernador del Estado de Tennessee el 1 de agosto de 1839. Permaneció en el cargo dos años antes de ser derrotado en 1841 por el whig James C. Jones. Volvió a presentarse en 1843, pero fue derrotado de nuevo por el mismo oponente.

Un nombramiento y una elección por sorpresa

Ninguno de los candidatos demócratas de la Convención para las elecciones de 1844 obtuvo la mayoría. El candidato mejor situado era, con diferencia, Martin Van Buren, ex presidente, pero era hostil a la anexión porque sus creencias eran desfavorables para los colonos esclavistas de Texas, por lo que los delegados prefirieron a Polk y su programa expansionista. En las elecciones, Polk, que era relativamente desconocido, hizo una vigorosa campaña contra un candidato whig que también estaba en contra de la anexión. Al final, Polk fue elegido abrumadoramente por el Colegio Electoral a pesar de que el voto popular apenas le favoreció.

Presidencia

Cuando Polk llegó a la presidencia, la población de Estados Unidos se había duplicado cada veinte años desde la Guerra de la Independencia hasta alcanzar un nivel similar al de Gran Bretaña. El mandato de Polk se benefició del progreso tecnológico, con el desarrollo del ferrocarril y un mayor uso del telégrafo. La mejora de las comunicaciones y el auge demográfico contribuyeron a elevar a Estados Unidos a la categoría de gran potencia militar y fomentaron la aplicación de una política expansionista.

Antes de su toma de posesión, Polk escribió a Cave Johnson: "Tengo la intención de ser Presidente de los Estados Unidos por mí mismo". Rápidamente se ganó la reputación de ser un gran trabajador, que pasaba de diez a doce horas diarias en su escritorio y rara vez salía de Washington; como él mismo dijo: "Ningún Presidente que ejerza su cargo con fe y conciencia puede tener tiempo libre. Prefiero supervisar yo mismo toda la acción del gobierno antes que delegar los asuntos públicos en subordinados, lo que me confiere responsabilidades muy grandes". Una vez en el poder, Polk fijó cuatro grandes objetivos para su administración: restablecer un sistema de tesorería independiente -creado bajo la presidencia de Martin Van Buren pero abolido por los whigs-, reducir los derechos de aduana, adquirir todo o parte del territorio de Oregón y, por último, obtener la cesión de California a México. Estos objetivos coincidían con las políticas puestas en marcha por anteriores administraciones demócratas. Los objetivos de política exterior de Polk, de lograrse, representarían las primeras expansiones territoriales importantes de Estados Unidos desde la ratificación del Tratado de Adams Onís en 1819.

Período de transición y ceremonia de investidura

En los últimos meses de su gobierno, el presidente Tyler intentó resolver el problema que planteaba la admisión de Texas en la Unión. El Senado ya había rechazado un tratado previo que proponía la anexión de la república tejana a Estados Unidos, pero poco después Tyler aprobó una resolución conjunta en el Congreso que especificaba los términos de la anexión. Surgieron diferencias sobre cómo anexionar el territorio y Polk se implicó en las negociaciones para desbloquear la situación. Con la ayuda de Polk, la resolución de anexión fue aprobada casi unánimemente por el Senado. Tyler no estaba seguro de si firmar la resolución o dejársela a Polk y pidió a Calhoun que consultara con el Presidente electo, pero éste se negó a firmar. En vísperas de su partida, el 3 de marzo de 1845, el presidente Tyler envió finalmente a los líderes tejanos una oferta formal de anexión.

Cuando tomó posesión de su cargo el 4 de marzo de 1845, Polk era, con 49 años, el presidente más joven de la historia de Estados Unidos. La toma de posesión de Polk fue la primera ceremonia de este tipo anunciada por telégrafo e ilustrada en la prensa, en este caso el *Illustrated London News*. En su discurso inaugural, pronunciado bajo una lluvia torrencial, Polk expresó claramente su apoyo a la anexión de Texas al incluirla implícitamente en los "28 Estados de la Unión". Afirmó su lealtad a los principios de Jackson, citando el brindis pronunciado por su mentor: "Todo hombre que ame a su país debe temblar ante la idea de su disolución y debe adoptar este sentimiento patriótico: *a nuestra Unión hay que mantenerla*". Continuó diciendo que se oponía a la creación de un banco nacional y que los derechos de aduana no excluían un proteccionismo ocasional. También aludió, sin referirse directamente a ello, a la cuestión de la esclavitud, criticando a quienes intentaban derribar una institución protegida por la Constitución. Polk dedicó la segunda parte de su discurso a la política exterior, y más concretamente a la expansión territorial. Celebró el proceso de anexión de Texas, declarando que no era asunto de ninguna otra nación y menos de México. Por último, habló del Territorio de Oregón y de los emigrantes, prometiendo salvaguardar los intereses estadounidenses en la región y proteger a los colonos.

To come in at (?) page 59 —

Copied from a 2nd Draft by Ed. Madison, my Private
Secretary — &c — &c

In organizing territorial governments over these
territories, one duty imposed on Congress by the
Constitution requires that they should legislate over
the subject of slavery, at all, while their power to do
so is not only seriously questioned, but denied by
many of the soundest expounders of the true meaning
of the Constitution. Which Congress shall legislate
or ought the people of the acquired territories, when
assembled in convention to form State Constitutions
subspossess the sole and exclusive power to determine
for themselves whether slavery shall or shall not exist
within their limits. If Congress shall abstain from
interfering with the question, the people of these limits.
are will be left free to adopt it as they may think
proper when they apply for admission, as States into the
Union. No enactment of Congress could restrain
the people of any of the Sovereign States of the Union
old or new, North or South— slave holding or non-
slave holding) from determining the character of their
own domestic institutions as they may deem wise
& proper. Any and all the States possess this right
and Congress cannot deprive them of it. The people
of Georgia might if they chose, so alter their constitution as to abolish slavery within its limits, and
the people of Vermont might so alter their Constitution
as to admit slavery within its limits— Both States would

possess

Organización de la consulta

Informado de su victoria el 15 de noviembre de 1844, Polk se dispuso a formar un gabinete geográficamente equilibrado. Consultó a Jackson y a uno o dos de sus aliados más cercanos y decidió que los estados de Nueva York, Pensilvania y Virginia, así como su estado natal de Tennessee, debían estar representados en el gabinete. En una época en la que el presidente entrante era libre de mantener todo o parte del gabinete de su predecesor, Polk quería renovar todo el equipo de gobierno, pero esto era difícil de llevar a la práctica. El último Secretario de Estado de Tyler, John C. Calhoun, ejercía una influencia considerable dentro del Partido Demócrata pero, abordado por emisarios, no se ofendió por las intenciones del Presidente electo y aceptó dimitir.

Al formar su propio gobierno, Polk siguió el consejo de Jackson de evitar a personas que ambicionaran la presidencia. Sin embargo, decidió nombrar a James Buchanan para el crucial y prestigioso puesto de Secretario de Estado. Cave Johnson, amigo íntimo de Polk, fue nombrado *Director General de Correos,* mientras que George Bancroft, un historiador que había desempeñado un papel decisivo en la elección de Polk, fue nombrado Secretario de Marina. Las elecciones de Polk para el gabinete fueron aprobadas por Jackson, con quien Polk se reunió por última vez en enero de 1845, ya que el ex Presidente moriría en junio de ese año.

Polk estaba personalmente unido al entonces Secretario de Marina, el virginiano John Y. Mason, a quien había conocido en la universidad y que le había apoyado en su carrera política. Mason, a quien había conocido en la universidad y que le había apoyado en su carrera política. Mason no figuraba en la lista original de miembros del gabinete, pero Polk acabó nominándolo en el último momento para el puesto de Fiscal General. Polk también eligió al senador de Mississippi Robert J. Walker como Secretario del Tesoro y al secretario de Nueva York William L. Marcy como Secretario de Guerra. Todos estos nombramientos fueron confirmados por el Senado tras la toma de posesión de Polk. El gabinete funcionó sin problemas y su composición no varió mucho durante la presidencia de Polk. En 1846, sin embargo, se produjo una remodelación cuando Bancroft, que deseaba un puesto diplomático, se convirtió en embajador de Estados Unidos en Gran Bretaña.

Además de formar su gabinete, Polk eligió al hijo de su hermana, Joseph Knox Walker, para que fuera su secretario personal, un cargo especialmente importante porque, aparte de sus esclavos, Polk no tenía personal en la Casa Blanca. Walker, que vivía allí con su familia, desempeñó sus funciones con competencia durante toda la presidencia de su tío. Otros miembros de la familia Polk permanecieron en la Casa Blanca, a veces durante largos periodos.

Una política exterior expansionista

División de Oregón

Desde la firma del Tratado de 1818, el territorio de Oregón había estado ocupado conjuntamente por Gran Bretaña y Estados Unidos. Las administraciones estadounidenses anteriores habían propuesto dividir la región en el paralelo 49 norte, pero los británicos, que tenían intereses comerciales a lo largo del río Columbia, se negaron. El plan de partición sugerido por Gran Bretaña tampoco era aceptable para Polk, ya que habría supuesto devolver Puget Sound y todas las tierras al norte del río Columbia a los británicos. El embajador de Tyler en Londres, Edward Everett, había sugerido una solución alternativa que implicaba dividir la mayor parte del territorio hasta el paralelo 49 y ofrecer a los británicos el control de la estratégica isla de Vancouver, pero el mandato de Tyler terminó antes de que pudieran concluir las negociaciones.

Ambas partes esperaban llegar a un compromiso aceptable, pero tanto Estados Unidos como Gran Bretaña veían este territorio como una importante baza geopolítica en su intento de imponerse como potencia dominante en Norteamérica. Cuando asumió el cargo, Polk declaró que consideraba que las reivindicaciones estadounidenses sobre Oregón eran "claras e inflexibles". Esto provocó amenazas de guerra por parte de los gobernantes británicos, que temían que Polk ambicionara apoderarse de todo el territorio. Sin embargo, contrariamente a su retórica belicosa y a su deseo de anexionarse la región sin más, Polk consideró que la guerra con Gran Bretaña era innecesaria y él y Buchanan decidieron entablar negociaciones. Al igual que sus predecesores, Polk propuso una división a lo largo del paralelo 49, pero esta idea fue inmediatamente rechazada por el embajador británico, Richard Pakenham.

Tras esta negativa, Polk rompió las negociaciones y se unió a la línea de su partido, que pedía "todo Oregón", hasta la línea de 54°40' que marcaba la frontera con Alaska. El lema "54-40 o morir" era muy popular entre los demócratas. Al secretario de Estado James Buchanan le preocupaba un conflicto simultáneo con México y Gran Bretaña, pero Polk estaba dispuesto a arriesgarse a una guerra en dos frentes para alcanzar un acuerdo favorable a los intereses del país. Cuando 1845 tocaba a su fin, Polk se dispuso a notificar al Reino Unido con un año de antelación, como estipulaba el Tratado de 1818, su intención de poner fin a la ocupación conjunta del territorio.

Cuando el Secretario de Estado británico de Asuntos Exteriores, Lord Aberdeen, se enteró de la propuesta rechazada de Pakenham, pidió a Estados Unidos que reabriera las negociaciones. Polk se negó a presentar una nueva solución, pero dio a los británicos la oportunidad de hacer una contraoferta. Ante la insistencia de Buchanan, Polk dijo que consideraría las demandas británicas y las trasladaría al Senado si Londres presentaba un acuerdo similar al de Everett. Las negociaciones con el Reino Unido provocaron un acalorado debate en el Congreso. Los occidentales, como Lewis Cass, siguieron exigiendo la totalidad de Oregón, pero Polk tuvo que enfrentarse a la creciente presión de los sureños, liderados por John C. Calhoun, que temían que una guerra con Gran Bretaña amenazara las exportaciones de algodón.

Tras la breve caída del primer ministro británico Robert Peel y su segundo ministerio, Peel y Aberdeen pretendían cooperar más estrechamente con Estados Unidos en una política de reorientación hacia el libre comercio. En marzo de 1846, Polk autorizó a Buchanan a informar al embajador estadounidense en Gran Bretaña, Louis McLane, de que su administración acogería con agrado una oferta del gabinete británico basada en una división en el paralelo 49º. En junio, Pakenham presentó una propuesta de su gobierno para establecer una frontera en el paralelo 49 a condición de que Gran Bretaña pudiera conservar la isla de Vancouver y derechos limitados de navegación en el río Columbia. Polk y la mayor parte de su gabinete estaban dispuestos a aceptar la oferta, pero Buchanan, en un giro inesperado de los acontecimientos, se declaró a favor de que Estados Unidos tomara el control total de Oregón. Tras recibir finalmente el reticente acuerdo de Buchanan y de gran parte de los senadores de su bando, Polk envió el tratado al Senado para su ratificación. El texto fue aprobado por 41 votos a favor y 14 en contra, lo que supuso la resolución definitiva de la cuestión de Oregón entre Estados Unidos y Gran Bretaña. La actitud belicosa de Polk hacia el Reino Unido había hecho temer lo peor, pero su dureza en la conducción de las negociaciones diplomáticas había llevado a los británicos a hacer una serie de concesiones - en particular sobre el río Columbia- que un presidente más conciliador no habría podido conseguir.

Anexión de Texas

Tan pronto como el presidente Tyler fue informado de la elección de Polk a la presidencia, presionó al Congreso para que aprobara una resolución conjunta admitiendo a Texas en la Unión, lo que se hizo el 28 de febrero de 1845. Tyler envió inmediatamente a Andrew Jackson Donelson como mensajero al embajador estadounidense en Texas para presentar a los tejanos una oferta de anexión. La primera decisión importante a la que se enfrentó Polk al asumir el cargo fue si debía retirar al enviado de Tyler a Texas. Al final, decidió dejarle llegar a su destino con la esperanza de obtener una respuesta positiva de los tejanos. Al mismo tiempo, envió al representante de Arkansas, Archibald Yell, para asegurar a los tejanos que Estados Unidos defendería su territorio y apoyaría sus reclamaciones. Los tejanos reclamaban la propiedad de toda la tierra al norte del río Grande, mientras que los mexicanos creían que la verdadera frontera tejana se encontraba más al norte, en el río Nueces. Polk también confirmó a Donelson en su postura y consiguió convencer a los líderes tejanos para que aceptaran la propuesta de la administración Tyler. La mayoría de la población tejana estaba a favor de la anexión, pero algunos líderes tejanos, entre ellos el presidente Anson Jones, consideraban que el proceso era demasiado rígido y dejaba poco margen para la negociación. No obstante, en julio de 1845, una convención celebrada en Austin aprobó la anexión de Texas, y en diciembre del mismo año, Polk ratificó una resolución que convertía a Texas en el 28º Estado de la Unión. Por su parte, México, que nunca había reconocido la creación de la república tejana y consideraba que seguía siendo parte integrante de su territorio, rompió las negociaciones diplomáticas en marzo.

Guerra contra México

Tras la ratificación del tratado de anexión por Texas en 1845, el conflicto armado se veía cada vez más probable a ambos lados de la frontera. Polk comenzó a prepararse para esta eventualidad enviando un ejército a Texas dirigido por el general Zachary Taylor. Taylor y el comodoro David Conner, de la Armada estadounidense, tenían órdenes de no intentar ninguna acción ofensiva, pero de estar preparados para un posible estallido de hostilidades. A pesar de estos preparativos, Polk no veía una solución militar como un fin en sí mismo y creía que México acabaría cediendo a sus demandas.

Además de sus ambiciones sobre Texas, Polk temía que los británicos u otra potencia europea se hicieran con el control de California si permanecía en manos mexicanas, y esperaba que una demostración de fuerza por parte de Taylor y las tropas de Conner animara al gobierno mexicano a negociar. A finales de 1845, Polk envió al diplomático John Slidell a Ciudad de México para obtener la cesión de California a cambio de una suma de entre 20 y 40 millones de dólares. Slidell llegó a la capital mexicana en diciembre. El presidente mexicano José Joaquín de Herrera se mostró abierto a las negociaciones, pero las pretensiones de Slidell fueron rechazadas por su consejo de gobierno. Al mismo tiempo, Herrera fue derrocado debido en gran parte a su incapacidad para negociar con Estados Unidos y a la ira suscitada por los planes de poner en venta grandes extensiones de territorio mexicano.

Herrera fue sustituido por el general Mariano Paredes y Arrillaga, que inició la redacción de una nueva constitución. Las negociaciones con un gobierno tan inestable tenían pocas probabilidades de éxito, por lo que el Secretario de Guerra Marcy ordenó al general Taylor dirigirse al Río Grande. Polk, por su parte, apoyó la formación de un gobierno dirigido por un mexicano exiliado, el general Antonio López de Santa Anna, con la esperanza de que se mostrara más favorable a ceder partes de California a los estadounidenses. Uno de los asesores de Santa Anna, Alejandro Atocha, dijo a Polk que sólo la amenaza de guerra daría al gobierno mexicano el margen de maniobra necesario para vender parte de las posesiones mexicanas.

En marzo de 1846, Slidell abandonó México después de que el gobierno se negara a recibirle. Slidell regresó a Washington en mayo y anunció que las negociaciones con los mexicanos probablemente fracasarían. Polk tomó el trato de su diplomático como un insulto, "razón suficiente para la guerra", y se preparó para pedir al Congreso que declarara la guerra a México. Al mismo tiempo, a finales de marzo, el general Taylor había llegado al río Grande y su ejército estaba acampado a orillas del río, no lejos de Matamoros. En abril, el general mexicano Pedro de Ampudia pidió a Taylor que regresara al Río Nueces, pero Taylor se negó e inició el bloqueo de Matamoros. En una escaramuza en la orilla norte del río Grande murieron o fueron capturados varias docenas de soldados estadounidenses; este enfrentamiento menor se conoció como el asunto Thornton. Justo cuando la administración americana estaba a punto de solicitar una declaración de guerra, el Presidente Polk fue informado de la apertura de hostilidades en el Río Grande. En un mensaje al Congreso, Polk justificó su decisión de enviar a Taylor al Río Grande y dijo que el ejército mexicano, al cruzar el río, había invadido territorio estadounidense. Afirmó que el país ya estaba en estado de guerra y pidió al Congreso que le diera la oportunidad de poner fin a la misma. El discurso de Polk había sido preparado de tal forma que presentaba la guerra como una legítima defensa del país frente a un estado vecino que se comportaba de forma perturbadora. En su mensaje, Polk afirmó que Slidell había viajado a México para obtener el reconocimiento de la anexión de Texas por parte del gobierno mexicano, pero evitó mencionar que la embajada también había servido para negociar la compra de California.

Algunos whigs, como Abraham Lincoln, cuestionaron la versión de los hechos dada por Polk, pero a pesar de ello la Cámara aprobó por abrumadora mayoría la resolución que autorizaba al Presidente a reunir 50.000 voluntarios. En el Senado, los opositores a la guerra encabezados por Calhoun también cuestionaron las razones aducidas por Polk en su discurso, pero el texto votado en la Cámara fue aprobado por el Senado por 40 votos contra 2, lo que marcó oficialmente el inicio de la Guerra México-Estados Unidos. La mayoría de los que se habían opuesto a la guerra votaron a favor de la resolución para que sus carreras políticas no se vieran manchadas por lo que podría percibirse como una falta de patriotismo y un deseo de no participar en el esfuerzo bélico nacional.

El curso del conflicto

En mayo de 1846, Taylor dirigió las fuerzas estadounidenses en la indecisa batalla de Palo Alto, la primera gran batalla de la guerra. Al día siguiente, ganó la batalla de Resaca de la Palma, que eliminó la posibilidad de una incursión mexicana en territorio estadounidense. Al mismo tiempo, a Winfield Scott, que había sido el único general de división del ejército estadounidense al comienzo de la guerra, se le ofreció el puesto de comandante en jefe. Polk, el Secretario de Guerra Marcy y Scott acordaron una estrategia para tomar el norte de México con el fin de alcanzar un acuerdo de paz favorable con los mexicanos. Sin embargo, hubo un desacuerdo inmediato entre Polk y Scott, sobre todo porque Scott era cercano al Partido Whig y había sido rival de Andrew Jackson. Además, Polk quería asegurarse de que los mandos de responsabilidad se dividieran equitativamente entre whigs y demócratas y se enfadó cuando supo que Scott pensaba de otra manera; Scott también molestó al Presidente al oponerse a sus intentos de aumentar el número de generales. En profundo desacuerdo con Scott, Polk le ordenó que permaneciera en Washington y puso a Taylor al mando de las operaciones en el frente mexicano. También pidió al comodoro Conner que propiciara el regreso de Santa Anna a México y envió una fuerza expedicionaria dirigida por Stephen W. Kearny a Santa Fe. Kearny a Santa Fe.

En 1845, temiendo una intervención francesa o británica, Polk envió al teniente Archibald H. Gillespie (en) a California con la misión de fomentar una rebelión proamericana para justificar la anexión del territorio. Gillespie (en) a California con la misión de fomentar una rebelión proamericana para justificar la anexión del territorio. Tras consultar con Gillespie, el capitán John Charles Frémont dirigió a un grupo de colonos hacia el norte de California para expulsar a la guarnición mexicana de Sonoma. En agosto de 1846, las tropas estadounidenses de Kearny ocuparon Santa Fe, capital de la provincia de Nuevo México. El gobernador mexicano, Manuel Armijo, había abandonado la provincia y Kearny pudo entrar en la ciudad sin disparar un tiro. Por la misma época, el comodoro Robert Field Stockton desembarcó en Los Ángeles y proclamó que California pertenecía ahora al gobierno federal. Las fuerzas americanas sofocaron una revuelta y Estados Unidos pasó a controlar dos provincias del norte de México. Sin embargo, el teatro occidental del conflicto se convirtió en un quebradero de cabeza político para Polk después de que una disputa entre Frémont y Kearny provocara un enfrentamiento entre Polk y el influyente senador de Missouri Thomas Hart Benton, que también era suegro de Frémont.

Al principio, el conflicto contó con la aprobación generalizada de la población estadounidense. Sin embargo, un congresista whig, Columbus Delano, acusó a Polk de provocar las hostilidades y la oposición whig a la guerra creció. En agosto de 1846, cuando Polk pidió al Congreso que le diera 2 millones de dólares como pago inicial para una posible compra de California, la oposición a la guerra estalló porque Polk nunca había hecho público su deseo de anexionarse parcialmente México (aparte de los territorios reclamados por Texas). Un demócrata de Pensilvania recién elegido, David Wilmot, propuso una enmienda a la ley para prohibir la esclavitud en cualquier territorio recién adquirido. La cláusula Wilmot, como llegó a conocerse, introdujo la cuestión de la esclavitud en el conflicto entre Estados Unidos y México. La Ley de Asignaciones, a la que se adjuntaba la cláusula Wilmot, fue aprobada en la Cámara de Representantes por 87 votos a favor y 64 en contra, pero fracasó en el Senado. La ruidosa oposición a la guerra y el creciente debate sobre la esclavitud jugaron en contra de los demócratas, que perdieron el control de la Cámara en las elecciones generales de 1846. A principios de 1847, sin embargo, Polk consiguió aprobar una ley que autorizaba el reclutamiento de nuevos regimientos, y también obtuvo satisfacción respecto a los fondos solicitados para la compra de California.

En julio de 1846, Alexander Slidell Mackenzie se reunió con Santa Anna en nombre del gobierno estadounidense y le comunicó que Estados Unidos estaba dispuesto a pagar para adquirir la bahía de San Francisco y varias otras partes de la Alta California. Santa Anna regresó a México en septiembre de 1846, pero declaró que lucharía contra los estadounidenses. Una vez expuesta la duplicidad de Santa Anna y habiendo rechazado los mexicanos sus ofertas de paz, Polk ordenó un desembarco militar en Veracruz, el puerto mexicano más importante del Golfo de México. En la batalla de Monterrey, en septiembre de 1846, Taylor derrotó a un ejército mexicano comandado por Ampudia, pero permitió que éste se retirara, para consternación de Polk. Taylor recibió la orden de permanecer cerca de Monterrey y Polk se resignó a llamar a Winfield Scott para supervisar el ataque a Veracruz. Las disensiones de Polk con Scott no habían remitido, pero Marcy y los demás miembros del gabinete convencieron al Presidente para que eligiera al general más veterano del ejército para comandar las tropas. Aunque el estado del terreno hacía imposible una marcha de Monterrey a Ciudad de México, Polk decidió que una fuerza expedicionaria americana desembarcaría en Veracruz y luego marcharía sobre la capital mexicana. En marzo de 1847, sin embargo, Polk se enteró de que Taylor había desobedecido sus órdenes y había reanudado su avance hacia el sur, capturando la ciudad de Saltillo en el norte del país. En la batalla de Buena Vista, Taylor infligió una grave derrota al ejército mexicano de Santa Anna, que se encontraba en inferioridad numérica. Taylor fue felicitado por su victoria, pero las operaciones en este sector habían resultado poco concluyentes en general, y Polk consideró que habían tenido poca influencia en el curso de la guerra. Mientras Taylor luchaba contra Santa Anna, Scott desembarcó en Veracruz y tomó rápidamente el control de la ciudad. Tras este éxito, Polk envió a Nicholas Trist, un empleado del Departamento de Estado, a negociar un tratado de paz con los líderes mexicanos. Trist recibió instrucciones de exigir la cesión de la Alta y Baja California, la cesión de Nuevo México, el reconocimiento del Río Grande como frontera sur con Texas y el acceso estadounidense al Istmo de Tehuantepec. Trist fue autorizado a pagar 30 millones de dólares en compensación por estas concesiones.

En abril de 1847, Scott derrotó a Santa Anna por primera vez en la batalla de Cerro Gordo. Esta decisiva victoria abrió a las tropas americanas el camino hacia Ciudad de México. En agosto, Scott derrotó a Santa Anna dos veces, primero en la batalla de Contreras y luego en la de Churubusco. Habiendo triunfado así sobre fuerzas superiores, el ejército de Scott estaba en condiciones de sitiar la capital mexicana. Se concedió una tregua a Santa Anna y el Ministro de Asuntos Exteriores mexicano informó a Trist de que su gobierno estaba dispuesto a entablar negociaciones. Sin embargo, las delegaciones de ambas partes fueron incapaces de ponerse de acuerdo sobre los términos, ya que México sólo quería ceder parte de Alta California y se negaba a reconocer la frontera tejana en el Río Grande. Las discusiones aún estaban en curso cuando las tropas de Scott capturaron la capital mexicana al final de la Batalla de México. En Estados Unidos surgió un encarnizado debate sobre cuánto territorio mexicano debía anexionarse Estados Unidos; los whigs como Henry Clay consideraban que las reclamaciones americanas debían limitarse a la frontera de Texas, pero algunos expansionistas eran partidarios de una anexión total de México. Exasperado por la lentitud de las negociaciones y perturbado por los rumores de que Trist estaba dispuesto a hacer concesiones en la frontera del Río Grande, Polk ordenó a Trist que regresara a Washington. Polk estaba decidido a ocupar gran parte del territorio mexicano y esperaba una oferta de paz de sus oponentes. A finales de 1847, Polk se enteró de que Scott y Trist habían intentado sobornar a los representantes mexicanos para que entablaran negociaciones y de que uno de sus amigos, Gideon Johnson Pillow, había sido sometido a un consejo de guerra por orden de Scott.

Especialmente indignado por este último suceso, Polk destituyó a Scott y lo sustituyó por William Orlando Butler.

Tratado de Guadalupe Hidalgo

En septiembre de 1847, Manuel de la Peña y Peña sustituyó a Santa Anna como Presidente de México. Peña y sus aliados pertenecían al bando moderado y manifestaron su intención de negociar cuanto antes los términos acordados por la administración Polk. Al mes siguiente, Trist fue llamado a Washington. Tras un periodo de indecisión, y con el respaldo de Scott y del gobierno mexicano, el diplomático decidió sin embargo quedarse y entablar negociaciones con las autoridades de Ciudad de México. Polk no tenía a nadie preparado para sustituirle y Trist pensó que no podía perder la oportunidad de terminar la guerra en términos favorables. Polk se sintió indignado, pero concedió a Trist el tiempo necesario para intentar redactar un tratado.

A lo largo de enero de 1848, Trist mantuvo conversaciones periódicas con representantes mexicanos en Guadalupe Hidalgo, una pequeña ciudad al norte de Ciudad de México. Trist estaba dispuesto a dejar Baja California a México, pero negoció con éxito la cesión de parte de Alta California y, especialmente, de la importante ciudad portuaria de San Diego. La delegación mexicana aceptó reconocer la frontera en el Río Grande, mientras que Trist abandonó las reclamaciones estadounidenses anteriores a la guerra. Las cláusulas que debían componer el futuro tratado incluían también el derecho de los ciudadanos mexicanos residentes en los territorios anexionados por Estados Unidos a marcharse o a tomar la nacionalidad americana, la protección de los bienes eclesiásticos y el pago de 15 millones de dólares a México. Las tropas federales también debían combatir las incursiones indias transfronterizas. El Tratado de Guadalupe Hidalgo fue ratificado por Trist y la delegación mexicana el 2 de febrero de 1848 y el documento fue transmitido al presidente Polk el 19 del mismo mes. Polk seguía enfadado con Trist por desobedecer sus órdenes, pero aun así aprobó los términos del tratado con la mayoría de su gabinete. Sólo Buchanan, que esperaba más ganancias territoriales, y el secretario del Tesoro Walker, que pedía la anexión total de México, desaprobaron el texto. Polk también había previsto una mayor expansión territorial, pero estaba bastante satisfecho con las concesiones obtenidas y, sobre todo, deseaba poner fin al conflicto.

El tratado fue enviado al Senado, donde aún necesitaba una mayoría de dos tercios para ser ratificado, lo cual era cuanto menos incierto, ya que varios senadores, en particular los que no deseaban la anexión de ningún territorio mexicano, se declararon contrarios al texto. El 10 de marzo, el Senado dio finalmente su visto bueno al tratado por 38 votos contra 14, dividiéndose los votos a favor y en contra independientemente de cualquier consideración geográfica o partidista. El Senado había introducido algunos cambios en el tratado antes de la ratificación y Polk temía que esta nueva versión fuera rechazada por el gobierno mexicano. Al final, el Presidente fue informado el 7 de junio de que México había ratificado a su vez el tratado, poniendo fin a la guerra. Con la adquisición de California, Polk podía enorgullecerse de haber cumplido sus cuatro principales compromisos de la campaña presidencial.

La cesión mexicana otorgó a Estados Unidos el control de un inmenso territorio de 1.500.000 km, incluida una importante costa del Pacífico. Las tierras recuperadas de México representaban la totalidad de los actuales estados de California, Nevada y Utah, la mayor parte de Arizona y partes de Colorado, Nuevo México y Wyoming. El tratado también reconocía la anexión de Texas y el dominio estadounidense del territorio entre el río Nueces y el río Grande. La guerra costó la vida a 14.000 estadounidenses y 25.000 mexicanos y aproximadamente 100 millones de dólares al presupuesto federal.

Después de la guerra: la cuestión de los territorios

Polk anunció oficialmente el fin de las hostilidades el 4 de julio de 1848. Sin embargo, su tarea aún no había concluido, ya que ahora había que establecer gobiernos territoriales en las nuevas posesiones americanas, lo que no estaba exento de dificultades debido a las divisiones surgidas en torno a la cuestión de la esclavitud. El Compromiso de Misuri, al prohibir la práctica de la esclavitud al norte de los 36°30' de latitud, había resuelto el problema planteado por la extensión de la esclavitud en las regiones adquiridas en la Compra de Luisiana, y Polk quería extender este límite a los nuevos territorios. Por ello, apoyó la Ley de Organización Territorial del senador John M. Clayton, que prohibía la esclavitud en Oregón pero no abordaba la situación de California y Nuevo México. La ley fue aprobada por el Senado, pero la oposición de un grupo de congresistas encabezados por el representante de Georgia Alexander Stephens impidió que fuera aprobada por la Cámara. Otra medida para extender el Compromiso de Missouri a la costa del Pacífico también fue derrotada en la Cámara de Representantes, esta vez por una alianza bipartidista del Norte. Al concluir la última sesión legislativa antes de las elecciones de 1848, Polk ratificó el único proyecto de ley territorial aprobado por el Congreso, por el que se creaba el Territorio de Oregón y se prohibía la esclavitud en él. Polk creía que el fracaso de una administración organizada en Nuevo México y especialmente en California llevaría a estas dos remotas regiones a proclamar su independencia, lo que quería evitar a toda costa. Cuando el Congreso volvió a reunirse en diciembre, el Presidente se propuso conceder el estatuto a California lo antes posible, eludiendo al mismo tiempo la cláusula Wilmot. Sin embargo, las divisiones en torno a la esclavitud impidieron la aprobación de dicha ley, y Polk dejó la presidencia sin saber si los territorios occidentales que había adquirido durante su mandato permanecerían o no en el redil estadounidense.

Otras iniciativas

El embajador de Polk en Nueva Granada, Benjamin Alden Bidlack (en), negoció el Tratado Mallarino-Bidlack con el gobierno de Nueva Granada. El objetivo inicial de Bidlack era conseguir la eliminación de los aranceles sobre los productos estadounidenses, pero él y el ministro de Asuntos Exteriores de Nueva Granada, Manuel María Mallarino, llegaron a un acuerdo más amplio que reforzaba los lazos comerciales y militares entre ambos países. El tratado también autorizó la construcción del *Ferrocarril de Panamá*, que proporcionaba un enlace directo entre las costas este y oeste de Estados Unidos en una época en la que los medios de transporte rápido aún estaban poco desarrollados. A cambio, Bidlack prometió que Estados Unidos garantizaría la soberanía de Nueva Granada sobre el istmo de Panamá. El tratado fue ratificado por ambos países en 1848 y contribuyó a aumentar la influencia estadounidense en la región, que era el resultado deseado, ya que la administración Polk no quería el dominio británico en Centroamérica. El Tratado Mallarino-Bidlack se utilizó posteriormente para justificar varias intervenciones militares estadounidenses durante el siglo XIX.

A mediados de 1848, el presidente Polk autorizó a su embajador en España, Romulus M. Saunders (en), a negociar la compra de Cuba a España por la suma, considerable para la época, de 100 millones de dólares. Cuba era un país esclavista cercano a las costas americanas, por lo que el proyecto fue alentado por los sureños, pero recibió una fría acogida en el Norte. No obstante, España obtenía sustanciosos beneficios de la explotación de Cuba (azúcar, melaza, ron, tabaco) y el gobierno español rechazó la oferta de Saunders. Polk se enfadó pero se negó a apoyar la expedición armada de Narciso López, un aventurero venezolano que quería tomar Cuba por la fuerza.

Política interior

Fiscalidad

En su discurso inaugural, Polk pidió al Congreso que restableciera el sistema de tesorería independiente en el que los fondos federales estaban en manos del Tesoro y no de bancos u otras instituciones financieras. El presidente Van Buren había establecido previamente un sistema similar, pero había sido abolido por la administración Tyler. Tras recabar personalmente el apoyo del senador Dixon Lewis (en), presidente del Comité de Finanzas del Senado, Polk consiguió que el Congreso aprobara la *Ley del Tesoro Independiente*, que fue ratificada el 6 de agosto de 1846. Esta ley disponía que los ingresos públicos se custodiaran en el edificio del Tesoro y en subtesorerías de varias ciudades, separadamente de los bancos privados y federales. Este sistema se mantuvo sin cambios hasta la introducción de la Ley de *la Reserva Federal* en 1913.

Otra de las decisiones importantes de Polk en política interior fue la reducción de los aranceles, ya que Polk creía que éstos debían ajustarse en función de las necesidades del gobierno federal. Aunque había adoptado una postura ambivalente sobre esta cuestión durante la campaña de 1844 para atraer a los votantes del Norte, Polk se oponía tradicionalmente a los aranceles elevados y consideraba que la protección de los intereses manufactureros era injusta para otras industrias. En consecuencia, Polk encargó a su secretario del Tesoro, Robert J. Walker, la redacción de un nuevo arancel más bajo, que el presidente sometió a la aprobación del Congreso. Tras una intensa campaña de cabildeo por ambas partes, el texto fue aprobado por la Cámara de Representantes y, tras una consulta muy reñida que requirió el arbitraje del vicepresidente Dallas, fue definitivamente adoptado por el Senado. En 1846, Polk promulgó el *Arancel Walker*, que reducía sustancialmente las tasas establecidas por el *Arancel Negro* de 1842. La reducción de los derechos de aduana en Estados Unidos, unida a la abolición de *las Leyes del Maíz* en Gran Bretaña, provocó un repunte del comercio entre ambos países.

Desarrollo del país

En 1846, el Congreso aprobó la *Ley de Ríos y Puertos*, que asignaba un presupuesto de 500.000 dólares para modernizar las infraestructuras de ríos y puertos, pero Polk vetó la ley. Las obras en los puertos pequeños debían ser financiadas por el gobierno federal, lo que Polk consideraba contrario a la Constitución porque suponía favorecer a determinadas zonas, en particular a los puertos que no participaban en el comercio internacional.

El Presidente consideraba que estos problemas eran competencia de los Estados y temía que la aprobación de la *Ley de Ríos y Puertos* animara a los miembros del Congreso a negociar favores para sus distritos de origen, una forma de corrupción que, en su opinión, socavaba las virtudes republicanas. Con ello seguía los preceptos de su mentor Andrew Jackson, que en 1830 había vetado el *proyecto de ley de carreteras de Maysville* por motivos similares. Con el mismo espíritu, en 1847 se opuso a un proyecto de ley de mejoras internas que acababa de aprobar el Congreso. Primero utilizó el privilegio *del veto de bolsillo* para abstenerse de responder al proyecto de ley antes de enviar un mensaje formal de veto al Congreso cuando éste se reanudó en diciembre. A lo largo de 1848 se siguieron proponiendo proyectos de ley similares, pero ninguno llegó a su mesa. Cuando tuvo que ir al Capitolio para ratificar la legislación el 3 de marzo de 1849, el último día de la sesión legislativa y su último día completo en la Casa Blanca, Polk temió que el Congreso aprobara un proyecto de ley de mejoras internas y llevó consigo un borrador de mensaje de veto. El proyecto de ley, sin embargo, no fue aprobado y no tuvo que utilizarlo, pero pensó que el documento estaba bien escrito y lo guardó entre sus papeles.

Polk, al igual que Jackson, consideraba que la cuestión de la esclavitud era de importancia secundaria frente a las cuestiones mucho más importantes de la expansión territorial y la política económica. Sin embargo, la esclavitud se convirtió en un tema cada vez más divisivo en la década de 1840 y las políticas expansionistas de Polk contribuyeron a ahondar estas divisiones. Muchos abolicionistas consideraban al propio presidente un instrumento del *poder esclavista* y afirmaban que la extensión de la esclavitud era la razón por la que había apoyado la anexión de Texas y, más tarde, la guerra con México. El 8 de agosto de 1846, dos meses después del inicio del conflicto mexicano-estadounidense, el representante demócrata de Pensilvania David Wilmot introdujo una cláusula que pedía la prohibición de la esclavitud en cualquier territorio arrebatado a México por Estados Unidos. Polk, y con él muchos sureños, se opusieron a la medida, que fue aprobada por la Cámara antes de fracasar en el Senado. En cambio, Polk estaba a favor de extender el Compromiso de Missouri hasta el Océano Pacífico; dicha extensión habría hecho legal la práctica de la esclavitud hasta la latitud 36°30' al oeste del Missouri e ilegal más allá. Aunque se oponía a la cláusula Wilmot, Polk también denunció la agitación del Sur sobre el tema y acusó tanto a los líderes del Norte como a los del Sur de explotar el debate sobre la esclavitud con fines políticos.

La confirmación de que se había descubierto oro en California llegó a Washington poco después de las elecciones de 1848, momento en el que Polk, que no había querido presentarse a un segundo mandato, se había convertido en un "pato cojo". No obstante, se mostró encantado con el descubrimiento, ya que subrayaba la validez de su política expansionista, y mencionó el acontecimiento varias veces en su último mensaje anual al Congreso en diciembre. Pronto llegaron a Washington muestras auténticas del oro californiano y Polk envió un mensaje especial al Congreso sobre el tema. La declaración del Presidente impulsó a un gran número de personas, tanto estadounidenses como extranjeros, a trasladarse a California, contribuyendo a desencadenar la "fiebre del oro". La fiebre del oro inyectó grandes cantidades de oro en la economía estadounidense, contribuyendo a paliar la prolongada escasez de monedas de metal. En parte como resultado de esta afluencia de oro, los whigs no consiguieron el apoyo popular para la reactivación de un banco nacional, ni siquiera tras la marcha de Polk.

Uno de los últimos actos de Polk como Presidente fue ratificar la ley por la que se creaba el Departamento del Interior de Estados Unidos el 3 de marzo de 1849. Se trataba del primer puesto de gabinete creado desde la fundación de la República estadounidense. Polk era personalmente reacio a esta iniciativa porque consideraba que vulneraba las prerrogativas de los Estados dentro de sus propias fronteras, pero la aprobación de la ley en los últimos días de su gobierno no le dejó tiempo para formular un veto y tuvo que inclinarse.

Polk cuidó su imagen: la primera fotografía de un presidente en su despacho se tomó el 14 de febrero de 1848.

Nombramientos judiciales

La muerte del juez Henry Baldwin en 1844 había creado una vacante en el Tribunal Supremo. El presidente Tyler no había nombrado a nadie para sustituirle y el puesto seguía vacante cuando Polk tomó posesión. Los esfuerzos de Polk por nombrar al sucesor de Baldwin se vieron envueltos en la política de Pensilvania y en la rivalidad entre los líderes de las facciones por el puesto de Recaudador de Aduanas en el puerto de Filadelfia. Mientras Polk trataba de navegar por las aguas de la política local, se produjo una segunda vacante en el Tribunal Supremo con la muerte, en septiembre de 1845, del juez Joseph Story. Como la muerte de Story se produjo cuando el Senado no estaba reunido, Polk pudo hacer un nombramiento directo y designó al senador Levi Woodbury, de New Hampshire. Cuando el Senado volvió a reunirse en diciembre de 1845, los miembros confirmaron el nombramiento de Woodbury. La elección inicial de Polk para suceder a Baldwin, George W. Woodward, fue rechazada por el Senado en enero de 1846, en gran parte debido a la oposición de Buchanan y del senador Simon

Cameron, de Pensilvania. Polk ofreció el puesto a Buchanan, pero éste dudó y lo rechazó. Polk propuso finalmente el nombre de Robert Cooper Grier, cuyo nombramiento fue confirmado por el Senado.

Fin del mandato

Agotado por su tarea y por la enfermedad, Polk, cuyo partido ya no era tan popular, se negó a presentarse a la reelección. Su mandato terminó el 4 de marzo de 1849, pero su sucesor Zachary Taylor, elegido por los whigs, se negó a jurar el cargo en domingo y no tomó posesión hasta el 5 de marzo.

JAMES K. POLK.
PRESIDENT ELECT OF THE UNITED STATES.

Comerciante de esclavos

El padre de James Polk, Samuel, era un plantador propietario de esclavos. Cuando murió en 1827, dejó 53 esclavos a su esposa y diez hijos. El propio James Polk se convirtió en propietario de esclavos durante el resto de su vida. En particular, tuvo esclavos trabajando para él cuando ocupaba la Casa Blanca.

Esta experiencia y su cultura familiar conformarían su postura sobre la esclavitud en la expansión de Estados Unidos, en particular su opinión de que el gobierno federal carecía de legitimidad para limitar la expansión de esta práctica en los nuevos territorios del Oeste.

Al casarse en 1824 con Sarah Childress, hija de un rico plantador, recuperó los esclavos heredados por la esposa.

En 1831, para reforzar su seguridad financiera, Polk estableció una plantación llamada *Somerville* en el sur de Tennessee, que gestionó como "terrateniente ausente". Ante el gran número de fugitivos debido a los crueles capataces, Polk prefirió vender su plantación tres años más tarde y crear una nueva cerca de Yalobusha (Mississippi), en el antiguo territorio de los expulsados cherokees, a la que trasladó a sus esclavos. De este modo, esperaba que una granja situada en el Sur profundo dificultara las fugas. Durante su presidencia, hizo comprar en secreto 19 esclavos para su plantación de Mississippi, entre ellos 13 niños de entre 10 y 17 años, a los que separó de sus padres. Tras su mandato, siguió comprando esclavos, en su mayoría niños pequeños.

Jubilación y fallecimiento

El trabajo realizado durante su presidencia pasó factura a su salud. Lleno de entusiasmo y vigor cuando tomó posesión de su cargo, Polk abandonó la Casa Blanca agotado por sus años de servicio a su país. Abandonó Washington el 6 de marzo y emprendió un regreso triunfal al Sur, cuyo itinerario había sido definido de antemano y que debía terminar en Nashville. Dos años antes, Polk había negociado la compra de una casa en esta localidad, que más tarde tomaría el nombre de *Polk Place* y que había pertenecido a su antiguo mentor Felix Grundy.

Polk y su esposa viajaron a lo largo de la costa atlántica y luego hacia el oeste por el Sur profundo. El ex presidente fue recibido con entusiasmo en todas partes y asistió a numerosos banquetes. Cuando la pareja llegó a Alabama, Polk sufría un fuerte resfriado y se preocupó mucho cuando un pasajero que viajaba en el mismo barco que él murió de cólera. Polk se dirigía a Nueva Orleans, donde se creía que este tipo de infección era bastante común, pero ya era demasiado tarde para cambiar sus planes. Preocupado por su salud, quiso abandonar rápidamente la ciudad, pero se sintió abrumado por la hospitalidad de los habitantes de Luisiana. Varios de los pasajeros del barco del Mississippi también sucumbieron al cólera, y Polk se sintió tan debilitado que permaneció en un hotel durante cuatro días. Tras recibir la confirmación de un médico de que no era portador de la enfermedad, Polk accedió a realizar la última etapa de su viaje y llegó a Nashville el 2 de abril, donde se celebró una gran recepción en su honor.

Tras visitar a su madre en Columbia, Polk se trasladó a *Polk Place* con su esposa. El ex presidente, exhausto, parecía dispuesto a empezar una nueva vida, pero a principios de junio cayó enfermo de nuevo, probablemente de cólera. Asistido por varios médicos, agonizó durante varios días y pidió ser bautizado en la Iglesia Metodista, que había admirado durante muchos años, a pesar de que su madre había viajado desde Columbia con un clérigo episcopaliano y de que su esposa también lo era. Polk murió el 15 de junio de 1849, habiendo dirigido, según la tradición, sus últimas palabras a su esposa: "Te amo Sarah, te amo por toda la eternidad".

El funeral de Polk se celebró en la iglesia metodista McKendree de Nashville. Inicialmente fue enterrado en lo que hoy es el cementerio de la ciudad, de acuerdo con la ley, que exigía tomar precauciones con las personas que morían de una enfermedad infecciosa. Su cuerpo fue trasladado menos de un año después a una tumba en el jardín de *Polk Place*, de acuerdo con sus últimos deseos. Sarah Polk sobrevivió a su marido 42 años y continuó viviendo en *Polk Place,* donde murió el 14 de agosto de 1891. En 1893, los cuerpos de James y Sarah Polk fueron trasladados a su actual lugar de descanso en los terrenos del Capitolio del Estado de Tennessee, en Nashville. *El Polk Place* fue demolido en 1900. En marzo de 2017, el Senado de Tennessee aprobó una resolución considerada un "primer paso" para trasladar los restos del matrimonio Polk a la casa familiar en Columbia; para que se lleve a cabo, el texto aún debe ser aprobado por los tribunales y la Comisión Histórica de Tennessee.

Su esposa Sarah Polk (que, en 1844, había instaurado la costumbre de tocar la música de *Salute to the Chief* durante las apariciones públicas de su marido, ya que consideraba que, de lo contrario, nadie le prestaría atención). Como el matrimonio no tenía descendencia, ella heredó los esclavos y la plantación de Mississippi, que conservó incluso durante la Guerra Civil estadounidense. Recibía a líderes del Norte y del Sur en su residencia de Polk Place, que presentaba como una zona neutral.

Patrimonio

Durante mucho tiempo, Polk fue ignorado por la historiografía. Con la excepción de dos biografías publicadas poco después de su muerte, no fue objeto de ningún estudio importante hasta 1922, cuando Eugene I. McCormac publicó *James K. Polk: A Political Biography*. La obra de McCormac se basaba en gran medida en el diario presidencial de Polk, publicado por primera vez en 1909. Cuando los historiadores empezaron a clasificar a los presidentes estadounidenses en 1948, Polk ocupaba el 10º puesto en la encuesta de Arthur M. Schlesinger Sr., el 8º en la encuesta de Schlesinger de 1962, el 11º en la encuesta de Riders-McIver de 1996 y el 14º en la encuesta de C-Span de 2017.

La imagen de Polk a lo largo de la historia fue forjada en gran medida por sus oponentes, en particular los whigs, que pensaban que estaba destinado a un merecido olvido. En las obras de los historiadores republicanos del siglo XIX, Polk era retratado a menudo como una figura débil, fruto de un compromiso entre los demócratas del Norte, como David Wilmot y Silas Wright, y los propietarios de plantaciones del Sur, representados por John C. Calhoun. Desde esta perspectiva, los demócratas del Norte, que no siempre estaban satisfechos, creían que Polk estaba siendo manipulado por los propietarios de esclavos, mientras que los conservadores del Sur acusaban a Polk de ser una herramienta de los demócratas del Norte. Sin embargo, estas opiniones fueron desmentidas por los trabajos de Arthur M. Schlesinger y Bernard DeVoto, que demostraron que Polk no había sido la herramienta de nadie, sino que había trabajado para conseguir sus propios objetivos.

Walter Borneman consideraba a Polk el más eficaz de los jefes ejecutivos que habían ocupado el cargo antes de la Guerra Civil y opinaba que había ampliado el poder de la presidencia, sobre todo en el ámbito del ejecutivo y del mando en jefe de los ejércitos. Steven G. Calabresi y Christopher S. Yoo, en su historia del poder presidencial, elogian su gestión de la guerra entre México y Estados Unidos: "parece haber pocas dudas de que su conducción de los asuntos de Estado durante ese conflicto fue uno de los ejemplos más convincentes desde Jackson del uso del poder presidencial para controlar las acciones de los oficiales subordinados".

El Presidente Harry S. Truman dijo que Polk fue "un gran Presidente. Anunció lo que quería hacer y lo hizo". Paul H. Bergeron señala que las reformas introducidas por Polk permanecieron inalteradas durante largos periodos. La restauración del sistema bancario y la reducción de los derechos de aduana, dos de las principales medidas de su presidencia, no se modificaron hasta la década de 1860, mientras que la Compra de Gadsden y la adquisición de Alaska en 1867 fueron las únicas expansiones territoriales importantes de Estados Unidos hasta la década de 1890.

De los diversos aspectos del legado de Polk, el más notable sigue siendo la reconfiguración del mapa de Estados Unidos, cuya masa terrestre aumentó en un tercio bajo su presidencia. Según Robert Merry, "mirar el mapa y tener en cuenta la expansión hacia el oeste y el suroeste permite medir la magnitud de los logros presidenciales de Polk". Bergeron escribe en su estudio sobre la presidencia de Polk: "Prácticamente todo el mundo recuerda a Polk y el éxito de sus designios expansionistas. Creó un nuevo mapa de Estados Unidos que contenía una visión continental". Amy Greenberg, en su historia de la Guerra de México, señala que el legado de Polk no es sólo territorial: "En un único pero brillante mandato, logró algo que sus predecesores habrían considerado imposible. Con la ayuda de su esposa Sarah, planeó, provocó y dirigió con éxito una guerra que elevó a Estados Unidos a la categoría de potencia mundial".

Sin embargo, el agresivo expansionismo de Polk fue criticado por motivos éticos. Polk creía en el destino manifiesto más que la mayoría de sus conciudadanos. La Guerra de México fue denunciada por sus oponentes, que la apodaron irónicamente *la Guerra del Sr. Polk*, y por personajes como Ralph Waldo Emerson y Henry David

Thoreau. Refiriéndose a la guerra mexicano-estadounidense, el general Ulysses S. Grant declaró: "Me opuse vehementemente a la anexión de Texas, y hasta el día de hoy considero que la guerra resultante fue una de las más injustas jamás libradas por una nación fuerte contra una débil. Fue un ejemplo de una república que seguía el mal ejemplo de las monarquías europeas al despreciar la justicia en su deseo de adquirir nuevos territorios. La oposición whig, que incluía a Abraham Lincoln y John Quincy Adams, también argumentó que la anexión de Texas y la cesión de México estimularían a las facciones proesclavistas del país.

Las insatisfactorias condiciones que rodeaban el estatus de la esclavitud en los territorios adquiridos bajo el gobierno de Polk condujeron a la adopción del Compromiso de 1850, uno de los principales factores que impulsaron la creación del Partido Republicano y el posterior estallido de la Guerra Civil estadounidense. Esta falta de visión política a largo plazo ha sido destacada por los historiadores, entre ellos David Pletcher, quien cree que Polk "no comprendió que el seccionalismo y la expansión territorial habían llegado a formar un cóctel original y explosivo". En un artículo dedicado al undécimo presidente estadounidense, Fred Greenstein considera que Polk "no tuvo una conciencia clara de los problemas que inevitablemente surgirían de la situación de la esclavitud en los territorios conquistados a México".

William Dusinberre sugiere que su postura ante la esclavitud estaba estrechamente ligada a su implicación personal en la economía de las plantaciones.

Otros libros de United Library

https://campsite.bio/unitedlibrary

9 789464 903386